NOTICE

SUR LES

Professeurs SÉDILLOT ET MICHEL

Par M. TOURDES

DOYEN DE LA FACULTÉ DE MÉDECINE DE NANCY

NANCY

IMPRIMERIE BERGER-LEVRAULT ET Cie

11, RUE JEAN-LAMOUR, 11

—

1884

NOTICE

PROFESSEURS SÉDILLOT ET MICHEL

Par M. TOURDES

DOYEN DE LA FACULTÉ DE MÉDECINE DE NANCY

NANCY

IMPRIMERIE BERGER-LEVRAULT ET Cie

11, RUE JEAN-LAMOUR, 11

1884

DISCOURS

PRONONCÉ

AUX OBSÈQUES DE M. LE PROFESSEUR SÉDILLOT

LE 2 FÉVRIER 1883 [1]

Je viens, au nom de mes collègues des Facultés de Strasbourg et de Nancy, rendre un dernier hommage à l'homme éminent qui a jeté un si grand lustre sur notre École.

C'est à Strasbourg que s'est passée toute la période active de cette vie si féconde en travaux d'une grande valeur, dont quelques-uns ont ouvert à la science des horizons nouveaux. Après un brillant concours soutenu à Paris devant des juges qui connaissaient déjà toute la portée de son talent, Sédillot est nommé, en 1841, professeur de pathologie externe et de clinique chirurgicale à la Faculté de médecine de Strasbourg ; il reste attaché à notre École jusqu'en 1871, jusqu'aux jours néfastes où cette Université disparaît au milieu de nos malheurs.

1. Les discours suivants ont été prononcés, le 2 février 1883, aux obsèques de M. Sédillot : par le baron Larrey et par M. Gosselin, membres de l'Académie des sciences, publiés dans les Mémoires de l'Institut (1883) ; par M. Tourdes, doyen de la Faculté de médecine de Nancy ; par M. le docteur Lereboullet, au nom des anciens élèves de l'École de santé militaire de Strasbourg et de l'Alsace. Deux notices importantes ont ensuite été publiées : par M. Legouest, médecin inspecteur général de l'armée (*Notice sur le médecin inspecteur Sédillot*, Paris, 1883), et par M. Eugène Bœckel (*Notice biographique sur le professeur Charles Sédillot*, Strasbourg, 1883).

Sédillot (Charles-Emmanuel), fils aîné du savant orientaliste, est né à Paris le 14 septembre 1803 ; il est décédé à Sainte-Menehould, chez un de ses fils, entouré de ses affections de famille, le 29 janvier 1883. Quelques dates expriment cette vie de labeur et d'activité sans relâche. C'est à Paris que se passe sa période d'étude et d'initiation scientifique : Sédillot est élève externe de Boyer, à la Charité, en 1822 et 1823 ; de Roux, à l'Hôtel-Dieu, en 1824 ; il entre au Val-de-Grâce le 9 novembre 1824. Sous-aide à l'hôpital militaire d'instruction de Metz, il y obtient le premier prix en 1826 ; il rentre au Val-de-Grâce, dont il est le lauréat en 1827. La même année, il est lauréat de la Faculté de Paris ; il est reçu docteur en 1829. Le 10 mai 1831, il fait vers la Pologne, ainsi qu'on l'a dit, cette échappée médico-chirurgicale et chevaleresque, pendant laquelle il prodigue ses soins aux blessés et aux malades de la douloureuse campagne de l'insurrection polonaise. Démonstrateur à l'hôpital militaire du Val-de-Grâce en 1832, il concourt pour l'agrégation devant la Faculté de Paris en 1833, puis en 1835, où il est nommé le premier, dans la section de chirurgie. Deux autres concours, en 1836, pour la chaire de Dupuytren, en 1839 pour celle de Richerand, le mettent complètement en évidence ; entre ces deux épreuves se place la campagne de Constantine, en 1837, à la suite de laquelle il est décoré et dont il a publié une intéressante relation. En 1841, il est nommé, avec Rigaud, à la Faculté de Strasbourg professeur de clinique chirurgicale et de pathologie externe ; il est en même temps attaché à l'hôpital militaire d'instruction comme chirurgien en chef et premier professeur ; il est chargé ainsi de la clinique de deux grands établissements. En 1856, Sédillot est directeur de l'École de santé militaire annexée à la Faculté de Strasbourg et il est maintenu dans ses fonctions, en 1861, avec le titre de médecin inspecteur. Le 25 novembre 1868, sa carrière dans l'armée finit par son admission à la retraite. En 1870, il fait son dernier acte de médecin militaire dans les ambulances de l'Alsace ; il quitte alors son pays d'adoption, dont il a été une des dernières gloires françaises. Sédillot revient à Paris, après trente années d'absence. En 1872, il est nommé membre de l'Institut auquel il appartenait déjà depuis plusieurs années comme membre correspondant ; telles sont les époques principales de cette carrière signalée par tant de travaux et de services.

C'est pendant la période de trente années que Sédillot a passée à Strasbourg, que s'est exercée l'activité de cet esprit original et puissant qui a laissé son empreinte sur toutes les parties de la chirurgie. Vues élevées, opérations nouvelles et hardies, progrès imprimés à la science, on retrouve partout les traces de cet esprit actif, qui ne se lasse pas de produire.

Nous ne pouvons le suivre dans les détails de ces travaux si importants, si variés, originaux et frappés au coin de la froide raison. Tout progrès était accepté par lui, pourvu qu'il eût une base rationnelle ; chaque fait nouveau provoquait ses recherches ou son expérimentation. C'est par un labeur quotidien qu'il a développé ses aptitudes brillantes ; il a dit son mot sur toutes les questions qui ont occupé ou passionné son époque, laissant sa trace sur bien des faits et attachant son nom à des innovations importantes ou à d'utiles préceptes dans le domaine de la thérapeutique chirurgicale. On répétera ce qui a été dit si justement [1] : « Vous avez été un des grands maîtres de la chirurgie moderne, et vos travaux laisseront de vous un souvenir impérissable. »

Son premier travail (*Thèse inaugurale*, 1829), sur les fonctions du nerf pneumogastrique, est encore cité aujourd'hui ; par une série d'expériences, il détermine les fonctions des nerfs récurrents. En 1833, il réhabilite l'emploi des forces mécaniques pour la réduction des luxations anciennes, ajoutant le dynamomètre aux instruments de traction. Dans sa thèse de concours, en 1839, il reprend les préceptes hippocratiques sur l'empyème et il propose la trépanation des côtes. En 1836, il

1. Discours de M. Gosselin.

publie un *Manuel de médecine légale*, précis et judicieux. Son *Traité de médecine opératoire*, bandages et appareils, paraît en 1846 et devient promptement classique. A chaque édition nouvelle, l'œuvre profite de l'expérience du maître, et la quatrième édition, parue en 1870, avec la collaboration de M. Legouest, forme un traité complet de chirurgie pratique.

Des opérations importantes sont modifiées et rendues plus sûres par des procédés nouveaux. La section du maxillaire inférieur, sur la ligne médiane, rend plus facile l'extirpation du cancer de la langue. De nouveaux procédés d'urétrotomie atteignent les rétrécissements infranchissables, et Sédillot indique les conditions d'innocuité de cette opération. Il publie un travail sur la staphylorrhaphie et sur l'uranoplastie ; il réunit des observations favorables à l'opération du trépan et il précise la doctrine relative à cette opération, vers laquelle il ramène, dans des cas déterminés, l'opinion des chirurgiens.

Une des conceptions les plus hardies et les plus originales de M. Sédillot a été de nourrir directement, par une ouverture pratiquée à l'estomac, les malheureux qu'un rétrécissement de l'œsophage ou une oblitération du cardia condamnait à une mort inévitable, précédée des tourments de la faim. La *gastrostomie* n'était pas seulement pour lui le résultat d'une idée théorique ; par des expériences sur les animaux, il avait montré qu'on pouvait, en les nourrissant par cette ouverture artificielle, prolonger leur vie et assurer leur développement; il avait réuni tous les faits connus de fistules stomacales compatibles chez l'homme avec la durée de la vie et même avec la santé. Malgré les soins les plus dévoués et les plus minutieux, il eut la douleur de perdre, en 1846, ses deux malades, qui succombèrent aux progrès de la maladie qui avait occasionné la fermeture du cardia ; mais il eut la satisfaction de voir que d'autres avaient réussi en le suivant dans cette voie, et le nom de Sédillot reste attaché à cette opération importante qui est maintenant dans le domaine de l'art.

Un des succès les plus éclatants de Sédillot a été son

admission en partage du grand prix de l'Institut, en 1866, pour son *Mémoire sur l'évidement des os.* Excaver les os pour en séparer les parties malades, et ne conserver que les couches corticales qui peuvent se reproduire, telle était sa méthode qui a été mise en balance avec les résections sous-périostales de M. Ollier; ces deux méthodes ont leurs indications spéciales.

En 1849, il publia son *Traité sur la pyohémie*; il reconnaît que l'infection de l'économie se fait par d'autres liquides que par le pus, et c'est lui qui donne à ces agents mystérieux le nom de *microbes*, aujourd'hui adopté dans le vocabulaire de la science, comme dans la langue vulgaire, sans que beaucoup sachent quel est l'auteur de cette dénomination caractéristique. La pratique, chez lui, suit toujours de près la théorie dont elle est le corollaire. Il entoure ses malades de tous les soins nécessaires pour préserver l'économie de cette altération qui rend fatales les opérations les mieux conduites, et, suivant la remarque de M. Legouest, il peut être considéré comme le précurseur de la méthode antiseptique. En 1878, il fait encore ressortir dans un rapport lumineux l'influence des découvertes de Pasteur sur les progrès de la chirurgie, et il écrivait à M. E. Bœckel, son ancien élève de Strasbourg, que la naissance de cette chirurgie préservatrice lui faisait regretter sa retraite.

Quand éclate la merveilleuse découverte qui supprime la douleur dans les opérations chirurgicales, Sédillot l'adopte avec un enthousiasme qui ne semblait pas appartenir à son esprit positif et mesuré. Dès 1847, il l'étudie avec persévérance, il en étend les applications et les bienfaits, il retrace les règles qui en éloignent le péril. Sédillot constate la supériorité du chloroforme comme moyen anesthésique, et quelques aphorismes expriment sa prudence et en même temps sa foi dans les ressources de l'art : « Toutes les fois qu'on a recours au chloroforme, la question de vie ou de mort se pose, mais le chloroforme pur et bien appliqué ne tue jamais. »

Il a eu dans sa longue carrière le bonheur signalé de justifier la seconde partie de cet aphorisme et de ne perdre aucun de ses opérés par l'action du chloroforme, mais aussi, disait-il, chloroformer est un art qui exige une attention de tous les moments et beaucoup d'habileté et d'expérience. Avec quel soin cette opération était pratiquée sous sa direction, toujours par le même aide, bien connu et estimé de nous tous (M. Elser)! Mes élèves apprennent, disait-il, en voyant bien faire, et aucun d'eux n'a pu oublier ces leçons.

Sédillot avait une haute idée de la puissance de l'art médical; son but idéal était de le transformer en science exacte. Le succès des opérations, disait-il, dépend de l'habileté du chirurgien; nos revers attestent notre ignorance et nos fautes, et la perfection est le but de l'art. Si l'événement trompe son espoir, le chirurgien en éprouve un regret profond; inspiré par l'humanité et par la science, il recherche les écueils inconnus contre lesquels il a échoué, et chaque revers est pour lui un enseignement et une occasion de nouveaux progrès. Ces principes, il les appliquait à sa pratique judicieuse et sûre, dans laquelle il avait à un si haut degré le sentiment de la responsabilité du chirurgien. Rappelons ici les services rendus à tant de malades, les soins dévoués et incessants par lesquels il assurait le succès des opérations les plus graves. Par la minutie de ses précautions, par la correction de ses pansements dont il n'abandonnait le soin à personne, Sédillot avait su mettre du côté de ses malades, les chances les plus certaines de guérison. Il les examinait avec le plus grand soin et la plus grande douceur. Aussi quelle confiance il leur inspirait dans les positions les plus critiques! Les pauvres dans nos hôpitaux savaient bien qu'ils pouvaient compter sur sa sollicitude la plus incessante, sur ses soins les plus affectueux, comme sur les ressources de son art.

Nous devons rappeler les qualités du professeur de clinique dont il a fait preuve à un degré si éminent, dans les deux grands établissements qu'il a dirigés, l'hôpital civil et l'hô-

pital militaire d'instruction de Strasbourg : « Lucidité parfaite
de l'exposition, rapidité et sûreté du diagnostic, exécution
magistrale des opérations, calme et sang-froid impertur-
bables dans les situations les plus graves », c'est ainsi que
caractérise son talent un de ses élèves M. Eugène Bœckel, de-
venu aussi un maître. Sa parole était facile, précise et simple ;
le tour paradoxal qu'il donnait parfois à ses idées attirait l'attention et n'était qu'un moyen de mieux faire ressortir des
vérités nouvelles. L'assiduité et l'amour du devoir soutenaient
ces qualités éminentes. Pendant trente ans, cet enseignement
s'est maintenu avec vigueur, fondant sur des bases solides
l'éducation chirurgicale de nombreux praticiens, leur inspi-
rant l'amour de la science et le respect de l'humanité. Que
de médecins dans notre chère Alsace répètent encore son
nom avec respect et reconnaissance ! Directeur de l'École de
santé du service militaire, rattachée depuis 1856 à notre
Faculté de médecine, il a puissamment contribué au succès
de cette institution, qui a donné à l'armée tant de chirurgiens
habiles.

C'est par des soins dévoués donnés à nos soldats, que Sédillot
termine sa carrière chirurgicale sur la terre d'Alsace. Au
premier bruit de ces funestes batailles qui, dès le début de la
campagne de 1870, anéantissent notre espoir, Sédillot quitte
Strasbourg avec quelques-uns de ses collègues et de ses
élèves, pour aller prodiguer aux blessés ses habiles secours.
La ville est investie, il lui est interdit de rentrer dans nos
murs où tant de blessés, dans la population civile comme
parmi nos soldats, auraient eu besoin des trésors de son
expérience.

Le désastre est accompli, il faut quitter cette terre si fran-
çaise ; Sédillot ne suit pas la Faculté de Strasbourg recons-
tituée près de l'Alsace, dans la ville qui est aujourd'hui le
centre de la région de l'Est ; il eût ajouté un grand lustre à
l'institution nouvelle, mais sa carrière universitaire est no-
blement finie ; il a payé son tribut au pays et à la science.

*

L'estime publique le suit dans sa retraite, et en 1872, une éclatante consécration est donnée à cette vie de dévouement et de travail, par les suffrages de l'Académie des sciences. Quelque chose de cet honneur rejaillit sur l'École dont il a été pendant tant d'années un des plus fermes soutiens et une des plus grandes gloires.

Sédillot ne jouit pas longtemps de ce repos mérité et de cette haute distinction scientifique. La fin s'approche avec ses tristesses inévitables qui furent pour lui prolongées et amères ; une surdité absolue l'isole de ses amis et des réunions académiques qui avaient tenu une si grande place dans sa vie de savant. La maladie affaiblit peu à peu les manifestations de cette belle intelligence. Une fermeté stoïque, qui formait le fond de son caractère, la résignation chrétienne, l'affection des siens, le soutiennent dans ses derniers moments.

Notre éminent confrère était resté attaché à ses souvenirs de Strasbourg ; il nous avait donné la meilleure partie de sa carrière. Ceux qui ont vécu tant d'années près de lui connaissaient bien toute l'aménité, toute la sûreté de ses relations constamment empreintes de cordialité et de bienveillance et qui lui ont fait tant d'amis.

Rappelons qu'une idée patriotique a inspiré ses derniers travaux ; il a étudié les causes morales de nos désastres et a recherché avec ardeur les moyens de les réparer. Au nom de ses anciens collègues, au nom de ceux qui l'ont connu sur la terre d'Alsace, nous lui adressons ce dernier adieu !

NOTICE

SUR M. LE PROFESSEUR MICHEL

———

La Faculté de médecine, pendant la dernière année scolaire, a perdu un de ses membres les plus distingués, M. le professeur Michel, dont la carrière appartient en grande partie à notre ancienne École de Strasbourg.

Michel (Jean-Simon-Eugène) est né à Saulx (Haute-Saône), le 28 octobre 1819 ; il a commencé ses études médicales à Strasbourg, il les a achevées à Paris, où il a été reçu docteur le 14 juillet 1841. A l'époque où la question d'Orient fut l'occasion de grands préparatifs militaires, en 1840, Michel demande à servir comme médecin sous-aide auxiliaire, et il remplit ces fonctions dans divers hôpitaux pendant une année. Il retourne ensuite dans son pays natal pour s'y établir comme médecin ; trois ans après, il exerce sa profession à Besançon, mais il n'y reste que quelques mois ; une occasion importante décide tout à coup de sa carrière.

La chaire de physiologie, occupée autrefois par l'anatomiste Lauth, était vacante à la Faculté de médecine de Strasbourg ; elle est mise au concours, en 1846 ; c'était l'époque où des luttes brillantes précédaient la nomination de professeur et donnaient de prime abord la notoriété aux jeunes docteurs qui se distinguaient dans ces épreuves. Michel obtient une dispense d'âge et se présente à ce concours qui s'ouvre le 1er juillet 1846. Il arrive inconnu à Strasbourg, et dès la première séance, il a conquis une situation, et son avenir dans l'enseignement ne peut laisser aucun doute. Dans le jury comme dans le public, cette impression est unanime; juge dans ce concours, nous avons conservé la mémoire de ses épreuves, de la question écrite sur les *Fonctions de la moelle épinière*, des deux leçons sur les *Sensations en général et sur l'audition*. La méthode, la clarté, la facilité de l'élocution, le mouvement oratoire, le souvenir imperturbable de tous les faits de détails, telles sont les qualités qui, dès le début, caractérisaient le talent du jeune docteur et qui feront plus tard le mérite et le succès de son enseignement. La thèse sur les *Muscles et les os au point de vue de la mécanique animale*, soutenue le 17 août 1846, démontre aussi ses connaissances positives, mais le jeune candidat comprenait qu'en présence des titres de Küss, de ce maître éprouvé et novateur, qui exposa alors les progrès récents de la physiologie dans une thèse remarquable, c'était beaucoup d'avoir affirmé sa propre valeur et d'avoir conquis du premier coup la notoriété scientifique.

A dater de ce moment, Michel appartient à la Faculté de Strasbourg; le 20 août 1847, il est nommé, à l'unanimité, chef des travaux anatomiques; dans les épreuves de ce concours, il montre la précision de ses connaissances anatomiques et une adresse remarquable comme préparateur; ces deux qualités vont dominer sa carrière de chirurgien. En 1849, il réussit d'une manière brillante dans le concours pour l'agrégation qui s'ouvre devant la Faculté de Strasbourg; il s'est présenté pour la section d'anatomie et de physiologie, et sa thèse sur la *Contractilité des organes* est une œuvre qui appelle l'attention.

De 1850 à 1856, sa notoriété s'étend par de nombreux travaux dont plusieurs ont un caractère d'originalité et de nouveauté. En 1850, il donne une théorie de l'irréductibilité de certaines luxations des doigts et il propose les moyens d'y remédier ; il s'occupe du traitement de l'hydropisie enkystée de l'ovaire, de la dilatation du réseau lymphatique épidermique, de la rétractilité des tissus dans les amputations. Il publie en 1855 un essai historique sur la chirurgie à Strasbourg. Ces mémoires ont paru dans la *Gazette médicale de Strasbourg* de 1850 à 1853. L'histologie pathologique, science alors nouvelle, est l'objet de ses recherches, qui aboutissent à des résultats intéressants ; il étudie les applications du microscope à l'anatomie pathologique, au diagnostic et au traitement des maladies ; le travail dans lequel il réunit ses travaux obtient en 1856 un prix de l'Académie de médecine et est inséré dans ses Mémoires.

A la même époque, Michel donna la preuve de son dévouement et de son mérite comme médecin ; en 1854, avec notre collègue M. Coze, alors agrégé comme lui, il accepte la périlleuse mission d'aller soigner les cholériques de Gray et d'indiquer les mesures à prendre dans cette ville ravagée par le fléau. En toute circonstance, il a donné des preuves de son zèle de son dévouement pour les malades.

Sa place était marquée dans notre Faculté de médecine. En 1855, une triste occasion se présente d'y entrer et d'y occuper la chaire qui convenait le mieux à ses aptitudes et à la direction de ses travaux. Marchal, professeur de médecine opératoire, succombe au typhus pendant les soins dévoués qu'il donnait aux malades des prisons de Strasbourg. Après une courte suppléance, le 26 novembre 1856, Michel est nommé professeur de médecine opératoire à la Faculté de médecine de Strasbourg. Pendant 23 ans, de 1856 à 1879, il a occupé cette chaire, et c'est sans contredit la partie la plus brillante et la plus utile de son long enseignement. Anatomiste distingué, préparateur adroit, il donnait une base solide à l'étude de la médecine opératoire ; d'une dextérité remarquable, il joignait l'exemple au précepte. Il a formé bien des générations de chirurgiens habiles, il a contribué au succès de l'École de santé militaire annexée alors à la Faculté de médecine. On se rappelle les excellentes leçons dans lesquelles l'étude de la région sur des pièces anatomiques préparées avec soin précédait l'exécution de ces procédés opératoires choisis toujours parmi les plus simples et les plus sûrs. La clarté de l'exposition se joignait à la précision des manœuvres. Au point de vue du mécanisme opératoire, on lui doit d'utiles perfectionnements. Les règles pour les ligatures d'artères, une classification pratique des procédés d'amputation d'après la position de la cicatrice, les mensurations comme guide dans l'application des procédés, tels sont quelques-uns des travaux qui se rapportent à la spécialité de la médecine opératoire et qui méritent une juste attention.

D'autres recherches sont relatives à la pathologie et à diverses questions scientifiques. Michel prenait une part active et assidue aux travaux de la Société de médecine de Strasbourg; il a exprimé son avis sur les questions qui, à cette époque, préoccupaient l'opinion, et il introduisait dans ces discussions des aperçus personnels, ingénieux ou nouveaux. De 1857 à 1870, on peut citer parmi ses travaux des recherches sur l'histoire de la médecine opératoire, 1857; sur la valeur relative de l'instrument tranchant et du caustique, 1858; sur l'emploi de l'électricité en chirurgie, 1859; sur les théories fournies par le microscope à la pathologie, 1862; sur les indications de la taille hypogastrique, 1864; sur le rôle du périoste, 1865; sur la classification des tumeurs, 1866; sur les embolies capillaires à la suite de la congélation, 1867. Plusieurs thèses, soutenues sous son inspiration, renferment encore des faits intéressants, des idées utiles que répandait son enseignement actif. Il était chargé, en même temps que M. Küss, alternant par semestre, de la clinique des maladies syphilitiques; il dirigeait ce service avec autant d'habileté que de fermeté, et il y trouva l'occasion d'opérations importantes et de recherches scientifiques.

Nous arrivons à la triste période qui termine l'histoire de notre Faculté alsacienne ; Michel, pendant le siège de Strasbourg, est chargé de l'ambulance du Lycée ; les blessés du bombardement y reçoivent ses soins assidus, et quand notre École se ferme et se disperse, il va offrir ses services à l'armée de l'Est. La Société de secours aux blessés le charge de l'inspection de ses ambulances, et en juillet 1871, par une distinction honorifique, lui exprime sa reconnaissance pour les services rendus.

Quand la Faculté de Strasbourg est transférée à Nancy, en 1872, Michel reprend l'enseignement de la médecine opératoire. En 1879, M. le professeur Simonin, directeur honoraire de l'ancienne École de médecine, ayant pris sa retraite après de longs et distingués services, Michel, sur le vœu de ses collègues, le remplace dans une des chaires de clinique chirurgicale, mais il ne quitte pas sans regrets l'enseignement de la médecine opératoire où il avait été pendant tant d'années si brillant et si utile. Il aborde les opérations les plus délicates et les plus difficiles, il montre la dextérité manuelle la plus remarquable dans l'*extirpation des tumeurs profondes du cou* ; servi par la précision de ses connaissances anatomiques, il porte avec sécurité l'instrument tranchant aux voisinages les plus périlleux, dans ces régions où la moindre hésitation peut avoir des conséquences fatales. Dans les *opérations de névrotomie*, il suit les filets nerveux les plus ténus, il découvre les branches des nerfs sensitifs et il parvient ainsi à éteindre la douleur dans les névralgies les plus rebelles. Il a entrepris l'ablation du scapulum, et il a posé des règles pour l'extirpation de la glande thyroïde. Dans ces graves opérations, il limitait autant que possible la blessure chirurgicale, évitant les moindres vaisseaux quand il pouvait les ménager, et, suivant l'expression de notre collègue M. Gross, il obtenait les plus beaux succès grâce à la simplicité du *traumatisme opératoire*. Il mettait dans son opération la patience et la lenteur nécessaires, qui contrastaient avec la vivacité de son esprit ; toutes les garanties qui résultent d'une attention prolongée et minutieuse étaient assurées à ses malades. La hardiesse des tentatives, la sûreté des résultats, donnaient à sa clinique opératoire le plus vif intérêt. Des travaux scientifiques correspondent encore à cette période : les articles *œsophage, hydarthroses, affections spontanées du rachis*, dans le *Dictionnaire encyclopédique des sciences médicales*, appartiennent à notre collègue.

Michel a eu une carrière administrative à côté de cette vie scientifique si bien remplie. Avec cette vive intelligence, il savait saisir et s'assimiler rapidement les questions les plus difficiles et en parler presque aussitôt avec clarté et conviction. Il a été maire de la commune de Saulx, et dans des circonstances difficiles après 1871, il a rendu à cette commune d'importants services. Membre du conseil général de la Haute-Saône, il a fait preuve d'une compétence administrative solide et étendue, à laquelle a rendu hommage un des orateurs qui ont parlé sur sa tombe. Sa parole facile et claire, sa discussion empreinte de bonne humeur et d'entrain, le faisaient écouter avec intérêt dans les assemblées délibérantes. Il aimait son village natal et son autorité y était grande, comme dans toute la région où s'étendait son activité professionnelle. Médecin praticien, il était accessible à tous ; pour le pauvre comme pour le riche, il répondait au premier appel ; sa *clinique de Saulx*, comme il l'appelait, était fréquentée par de nombreux malades qui venaient de loin pour recevoir ses conseils et avoir recours à son habileté chirurgicale. Il a pensé à ces malades dans ces derniers moments où les bonnes œuvres adoucissent l'amertume de la fin. Michel, par une disposition testamentaire, a légué à la commune de Saulx la somme nécessaire pour y établir un hospice, qui perpétuera le souvenir des services rendus et en continuera les bienfaits.

C'est le 30 avril 1883, à Saulx, qu'a succombé notre regretté collègue ; il a conservé jusqu'à la dernière heure la plénitude de ses facultés. Le 3 mai 1883, une foule nombreuse a assisté à ses obsèques ; elle était composée d'amis, de clients, de personnes qui, à un titre quelconque, avaient reçu ses services ou apprécié son mérite. Des discours ont été prononcés sur sa tombe, par le préfet du département, le président du conseil général de la Haute-Saône, le président du conseil d'arrondissement, par M. le professeur Gross, au nom de la Faculté de médecine, par M. le Dr Spillmann, au nom de la Société de médecine de Nancy, par M. le Dr Guillaume, au nom de l'Association des médecins de la Haute-Saône, par M. Schurrer, interne des hôpitaux, au nom des étudiants en médecine. Empêché par un autre devoir de joindre notre dernier hommage à cette manifestation de l'estime publique, nous avons voulu par cette notice payer un tribut de reconnaissance personnelle et d'affection au collègue éminent dont notre Faculté regrette la perte.

G. TOURDES.

Nancy, imprimerie Berger-Levrault et Cie.

27